AF187091

Impressum
Verlag: BABADADA GmbH, Nedderfeld 112 , 22529 Hamburg
Geschäftsführer / Verlagsleitung: Harald Hof
Druck: Books on Demand GmbH, In de Tarpen 42, 22848 Norderstedt

Imprint
Publisher: BABADADA GmbH, Nedderfeld 112 , 22529 Hamburg, Germany
Managing Director / Publishing direction: Harald Hof
Print: Books on Demand GmbH, In de Tarpen 42, 22848 Norderstedt

paaralan
école

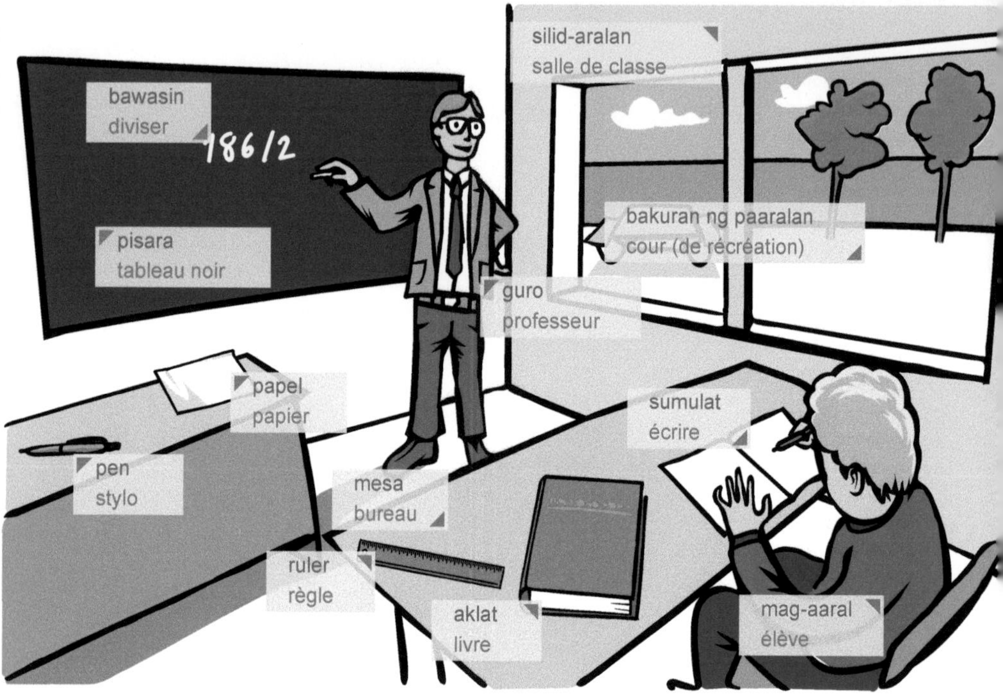

silid-aralan
salle de classe
bawasin
diviser
186/2
pisara
tableau noir
bakuran ng paaralan
cour (de récréation)
guro
professeur
papel
papier
sumulat
écrire
pen
stylo
mesa
bureau
ruler
règle
aklat
livre
mag-aaral
élève

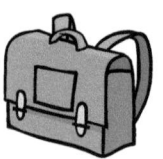

satchel

cartable

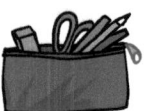

lalagyan ng lapis

trousse

lapis

crayon

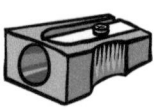

pantasa

taille-crayon

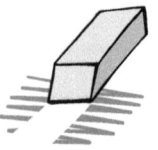

goma

gomme

drowing pad

carnet à dessin

drowing

dessin

pinsel na pampinta

pinceau

kahon ng pinta

boîte de peinture

gunting

ciseaux

pandikit

colle

aklat para sa pagsasanay

cahier d'exercices

takdang-aralin

devoirs

12

numero

chiffre

2+2

dagdagan

additionner

5-2

bawasin

soustraire

2×2

paramihin

multiplier

kalkulahin

calculer

A

liham

lettre

ABCDEFG
HIJKLMN
OPQRSTU
VWXYZ

alpabeto

alphabet

salita

mot

teksto

texte

basahin

lire

yeso

craie

leksyon

leçon

rehistro

livre de classe

eksaminasyon

examen

sertipiko

certificat

uniporme sa paaralan

uniforme scolaire

edukasyon

formation

encyclopedia

lexique

unibersidad

université

mikroskopyo

microscope

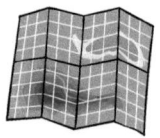

mapa

carte

basurahan ng papel

corbeille à papier

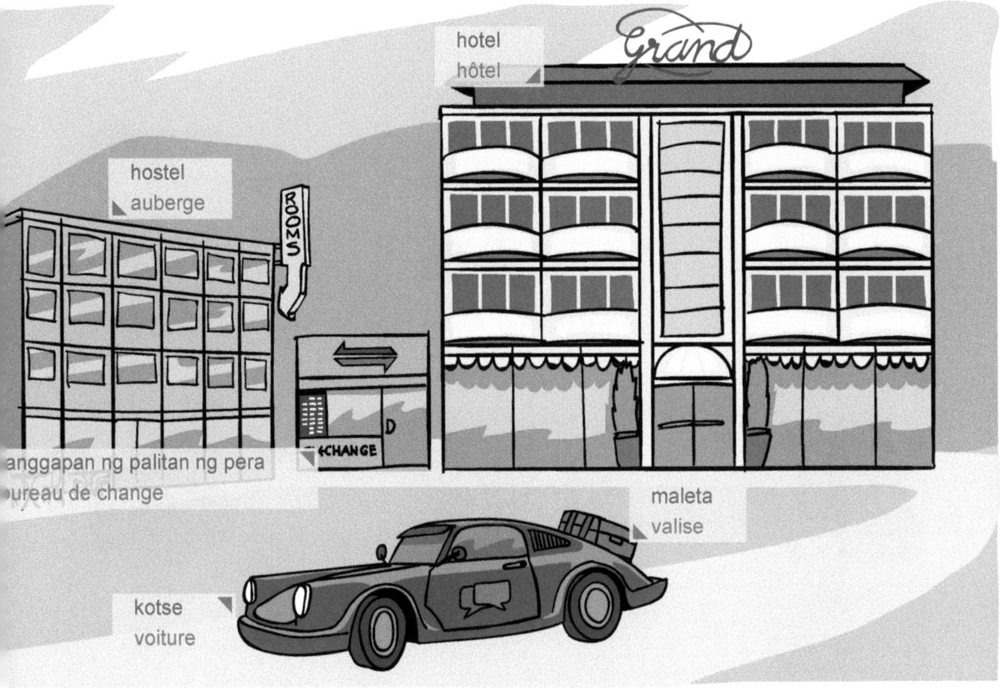

hotel
hôtel
Grand
hostel
auberge
ROOMS
CHANGE
anggapan ng palitan ng pera
ureau de change
maleta
valise
kotse
voiture

wika

langue

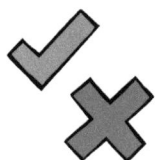

oo / hindi

oui / non

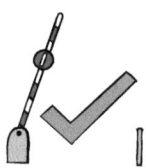

Okey

d'accord

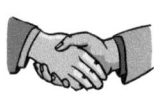

kumusta

Salut

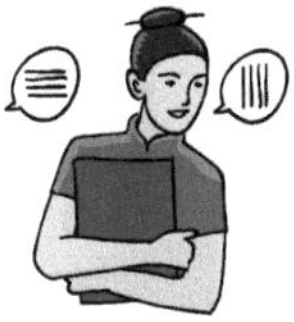

tagapagsalin

interprète

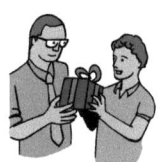

Salamat

merci

magkano ang...?

Combien coûte...?

Hindi ko maintindihan

Je ne comprends pas

problema

problème

Magandang gabi!

Bonsoir !

Magandang umaga!

Bonjour !

Magandang gabi!

Bonne nuit !

paalam

Au revoir

direksyon

direction

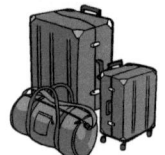

bahage

bagages

bag

sac

napsak

sac-à-dos

panauhin

hôte

silid

pièce

sakong tulugan

sac de couchage

tolda

tente

mpormasyon ng turista

office de tourisme

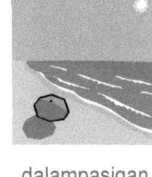

dalampasigan

plage

credit card

carte de crédit

almusal

petit-déjeuner

tanghalian

déjeuner

hapunan

dîner

tiket

billet

elebeytor

ascenseur

selyo

timbre

hangganan

frontière

adwana

douane

embahada

ambassade

visa

visa

pasaporte

passeport

transportasyon
transport

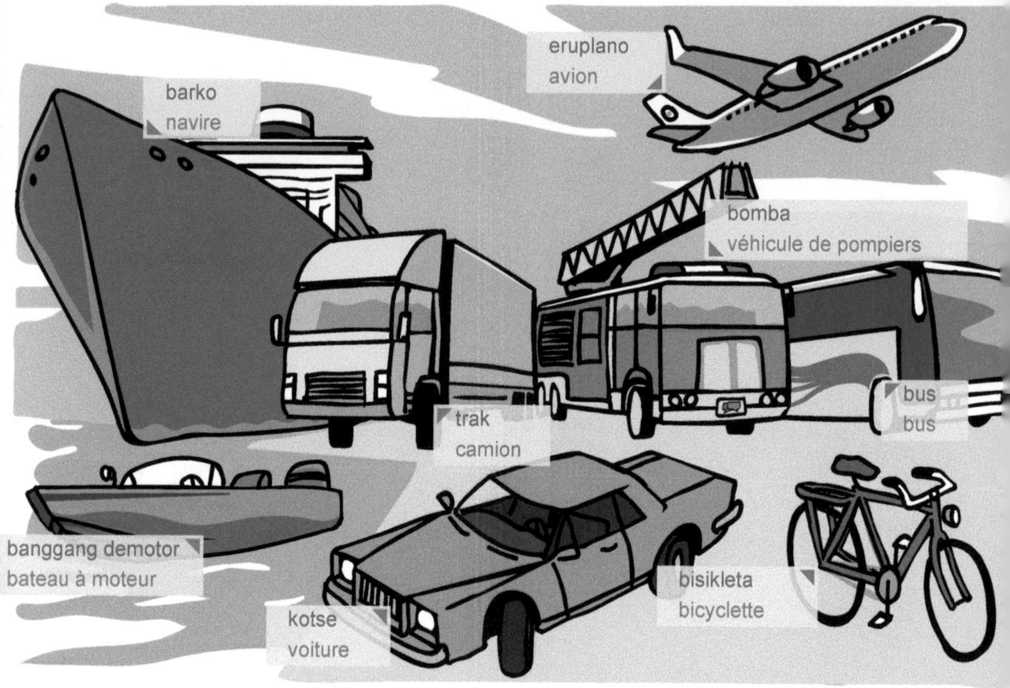
eruplano
avion
barko
navire
bomba
véhicule de pompiers
bus
bus
trak
camion
banggang demotor
bateau à moteur
bisikleta
bicyclette
kotse
voiture

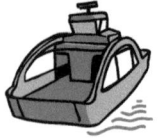

lantsang pantawid

ferry

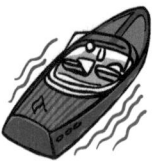

bangka

barque

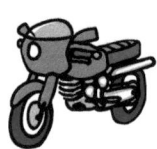

motorsiklo

moto

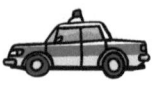

sasakyan ng pulis

voiture de police

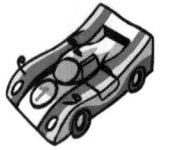

kotseng pangkarera

voiture de course

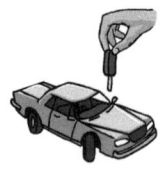

nirerentahang kotse

voiture de location

car sharing

auto-partage

trak na panghila

voiture de remorquage

trak na pantapon ng basura

benne à ordures

motor

moteur

panggatong

essence

gasolinahan

station d'essence

karatula ng trapiko

panneau indicateur

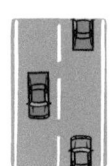

trapiko

trafic

masikip na trapiko

embouteillage

paradahan ng kotse

parking

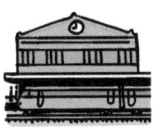

estasyon ng tren

gare

riles

rails

tren

train

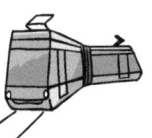

trambya

tramway

wagon

wagon

helikopter

hélicoptère

paliparan

aéroport

tore

tour

pasahero

passager

sisidlan

conteneur

karton

carton

kariton

chariot

basket

corbeille

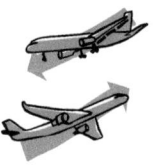

umalis / lumapag

décoller / atterrir

lungsod

ville

nayon

village

sentro ng lungsod

centre-ville

bahay

maison

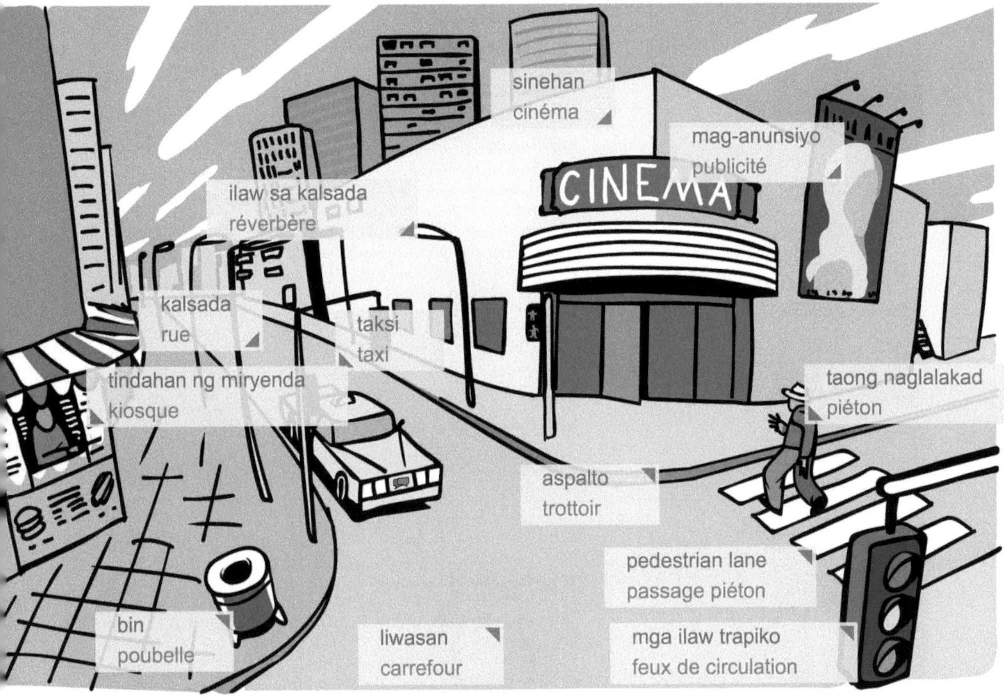

sinehan
cinéma

mag-anunsiyo
publicité

ilaw sa kalsada
réverbère

CINEMA

kalsada
rue

taksi
taxi

tindahan ng miryenda
kiosque

taong naglalakad
piéton

aspalto
trottoir

pedestrian lane
passage piéton

bin
poubelle

liwasan
carrefour

mga ilaw trapiko
feux de circulation

kubo
cabane

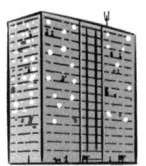

patag
appartement

estasyon ng tren
gare

munisipyo
mairie

museo
musée

paaralan
école

unibersidad

université

bangko

banque

ospital

hôpital

hotel

hôtel

parmasya

pharmacie

opisina

bureau

tindahan ng aklat

librairie

tindahan

magasin

tindahan ng bulaklak

fleuriste

supermarket

supermarché

palengke

marché

department store

grand magasin

tindahan ng isda

poissonnerie

sentrong pamilihan

centre commercial

daungan

port

lungsod - ville

parke

parc

bangko

banque

tulay

pont

hagdan

escaliers

underground

métro

tunel

tunnel

hintuan ng bus

arrêt de bus

bar

bar

restawran

restaurant

kahon ng koreo

boîte à lettres

karatula sa kalsada

panneau indicateur

metro ng paradahan

parcmètre

zoo

zoo

swimming pool

piscine

moske

mosquée

lungsod - ville

bukid

ferme

polusyon

pollution

libingan

cimetière

simbahan

église

palaruan

aire de jeux

templo

temple

tanawin

paysage

dahon
feuille

posteng pananda
panneau indicateur

daan
chemin

parang
pré

bato
pierre

hiker
randonneur

kahoy
arbre

ilog
rivière

damo
herbe

bulaklak
fleur

lambak

vallée

burol

montagne

look

lac

kagubatan

forêt

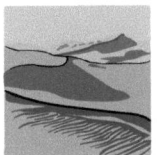

disyerto

désert

bulkan

volcan

kastilyo

château

bahaghari

arc-en-ciel

kabute

champignon

palmera

palmier

lamok

moustique

langaw

mouche

langgam

fourmis

bubuyog

abeille

gagamba

araignée

salagubang

coléoptère

palaka

grenouille

ardilya

écureuil

parkupino

hérisson

liyebre

lièvre

kuwago

chouette

ibon

oiseau

sisne

cygne

bulugan

sanglier

usa

cerf

moose

élan

dam

barrage

turbina ng hangin

éolienne

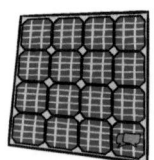

solar panel

panneau solaire

klima

climat

restawran
restaurant

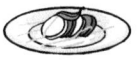

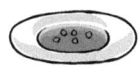

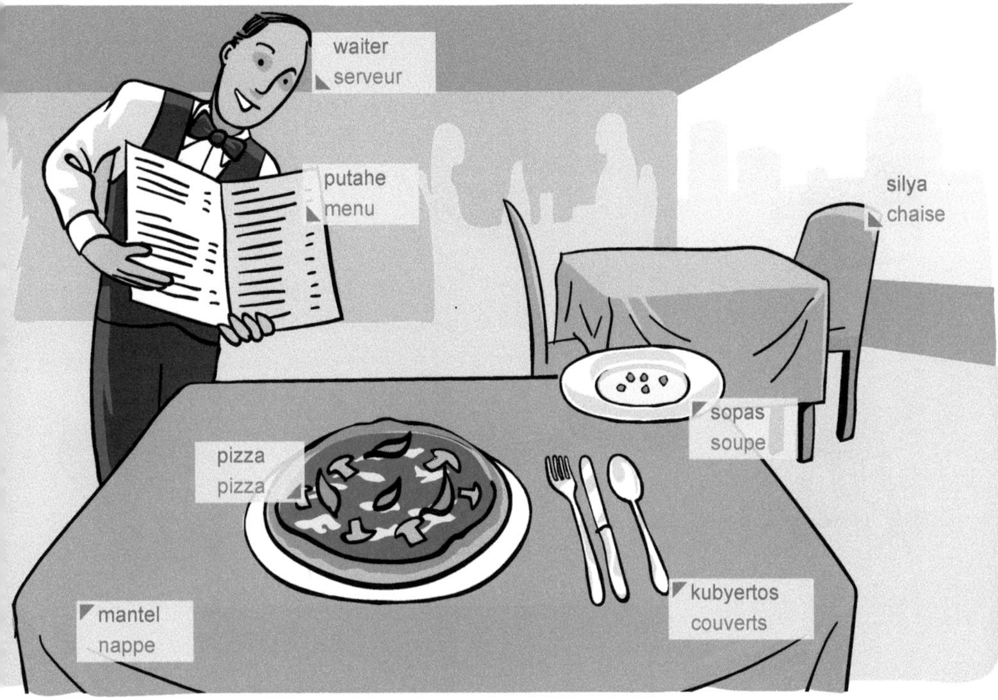
waiter
serveur
putahe
menu
silya
chaise
sopas
soupe
pizza
pizza
kubyertos
couverts
mantel
nappe

panimula

hors d'œuvre

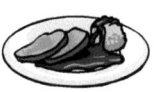

pangunahing pagkain

plat principal

panghimagas

dessert

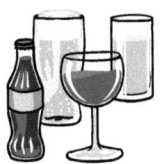

inumin

boissons

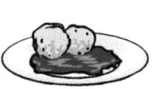

pagkain

alimentation

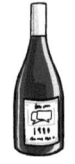

bote

bouteille

fastfood

fast-food

pagkaing kalye

plats à emporter

tsarera

théière

panutsa

sucrier

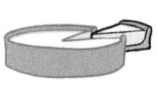

bahagi

portion

espresso machine

machine à expresso

mataas na upuan

chaise haute

bayarin

facture

bandehado

plateau

kutsilyo

couteau

tinidor

fourchette

kutsara

cuillère

kutsarita

cuillère à thé

serviette

serviette

baso

verre

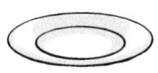

pinggan

assiette

platong pansopas

assiette à soupe

platito

soucoupe

sawsawan

sauce

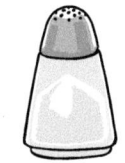

pangkalog ng asin

salière

panggiling ng paminta

moulin à poivre

suka

vinaigre

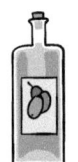

langis

huile

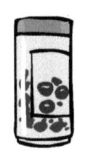

pampalasa

épices

ketsup

ketchup

mustasa

moutarde

mayonnaise

mayonnaise

supermarket

supermarché

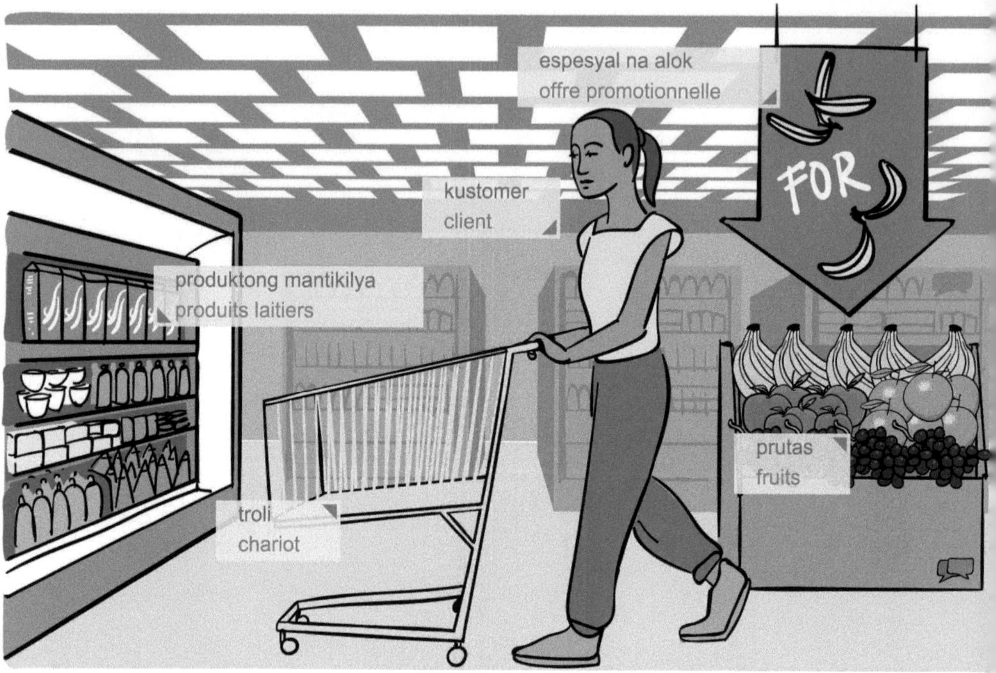

espesyal na alok
offre promotionnelle

kustomer
client

produktong mantikilya
produits laitiers

FOR

troli
chariot

prutas
fruits

butser

boucherie

panaderya

boulangerie

timbang

peser

mga gulay

légumes

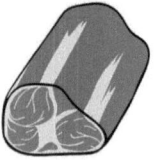

karne

viande

pinalamig na pagkain

aliments surgelés

malamig na karne

charcuterie

delatang pagkain

conserves

pulbos na panlaba

poudre à lessive

matatamis

bonbons

mga produktong pambahay

articles ménagers

mga produktong panlinis

détergents

tindera

vendeuse

cash register

caisse

kahera

caissier

listahan ng pinamili

liste d'achats

oras ng pagbubukas

heures d'ouverture

pitaka

portefeuille

credit card

carte de crédit

bag

sac

plastik bag

sac en plastique

tubig

eau

juice

jus de fruit

gatas

lait

coke

coca

alak

vin

serbesa

bière

alak

alcool

kakaw

chocolat chaud

tsaa

thé

kape

café

espresso

expresso

cappuccino

cappuccino

saging

banane

mansanas

pomme

kahel

orange

melon

melon

limon

citron

carrot

carotte

bawang

ail

kawayan

bambou

sibuyas

oignon

kabute

champignon

mani

noisettes

noodles

pâtes

spaghetti

spaghetti

bigas

riz

ensalada

salade

chips

pommes frites

pritong patatas

pommes de terre rôties

pizza

pizza

hamburger

hamburger

sandwich

sandwich

piraso ng karneng walang buto

escalope

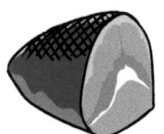

hamon

jambon

salami

salami

tsoriso

saucisse

manok

poulet

inihaw

rôti

isda

poisson

mga porridge oat

flocons d'avoine

muesli

muesli

cornflakes

cornflakes

harina

farine

croissant

croissant

rolyong tinapay

petits-pains

tinapay

pain

tostado

pain grillé

biskuwit

biscuits

mantikilya

beurre

keso

le fromage blanc

keyk

gâteau

itlog

œuf

pritong itlog

œuf au plat

keso

fromage

sorbetes

glace

asukal

sucre

pulot

miel

jam

confiture

tsokolateng pinapahid

crème nougat

curry

curry

bukid
ferme

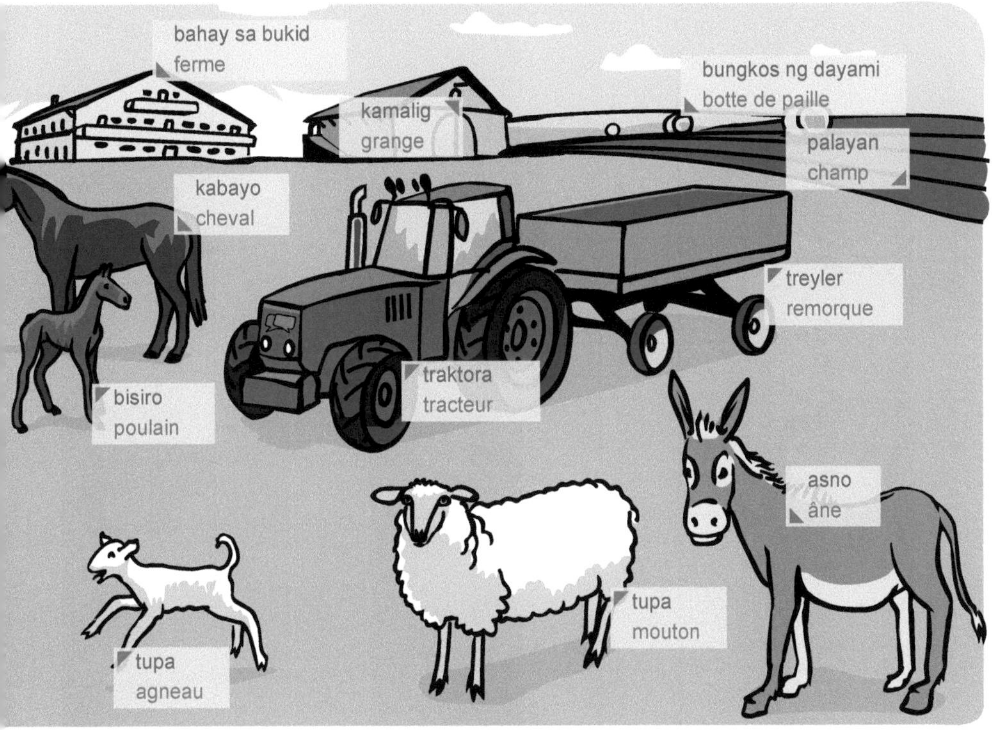
bahay sa bukid
ferme
kamalig
grange
bungkos ng dayami
botte de paille
palayan
champ
kabayo
cheval
treyler
remorque
traktora
tracteur
bisiro
poulain
asno
âne
tupa
mouton
tupa
agneau

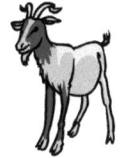

kambing

chèvre

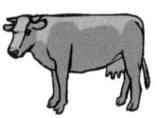

baka

vache

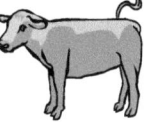

guya

veau

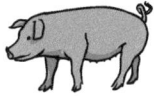

baboy

porc

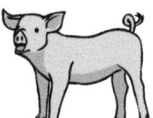

biik

porcelet

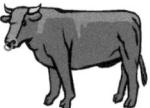

toro

taureau

gansa

oie

pato

canard

sisiw

poussin

inahin

poule

katyaw

coq

daga

rat

pusa

chat

daga

souris

kapong baka

bœuf

aso

chien

bahay ng aso

chenil

hose sa hardin

tuyau de jardin

latang pandilig

arrosoir

haras

faucheuse

araro

charrue

karit

faucille

asarol

pioche

tuhugin

fourche

palakol

hache

karitela

brouette

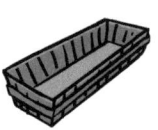

sabsaban

cuve

lata ng gatas

pot à lait

sako

sac

bakod

clôture

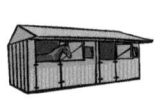

kuwadra

étable

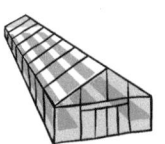

punlaan

serre

lupa

sol

buto

semences

pataba

engrais

combine harvester

moissonneuse-batteuse

mag-ani

récolter

ani

récolte

yams

igname

trigo

blé

soya

soja

patatas

pomme de terre

mais

maïs

rapeseed

colza

kahoy na namumunga

arbre fruitier

kamoteng kahoy

manioc

siryal

céréales

bahay
maison

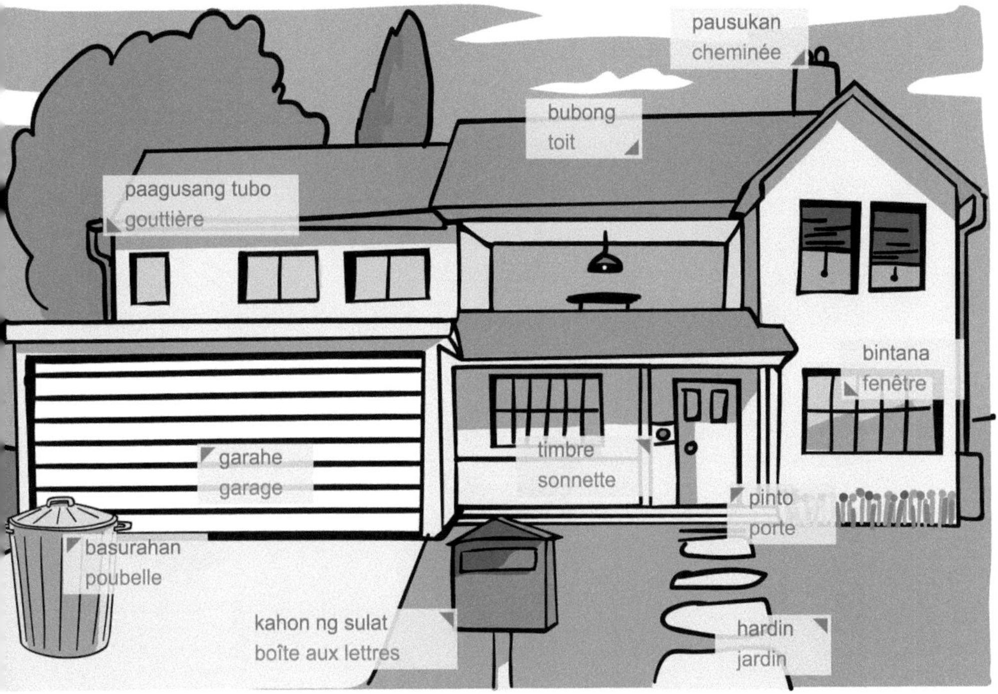

pausukan
cheminée
bubong
toit
paagusang tubo
gouttière
bintana
fenêtre
timbre
sonnette
garahe
garage
pinto
porte
basurahan
poubelle
kahon ng sulat
boîte aux lettres
hardin
jardin

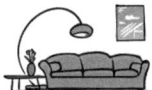

salas

salon

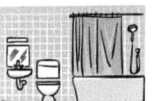

palikuran

salle de bain

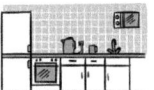

kusina

cuisine

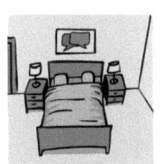

silid-tulugan

chambre à coucher

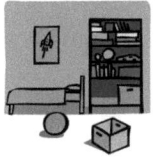

silid ng bata

chambre d'enfant

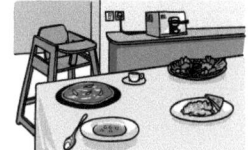

hapag-kainan

salle à manger

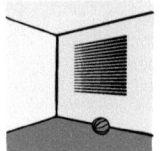

sahig

sol

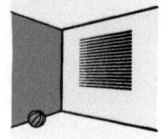

pader

mur

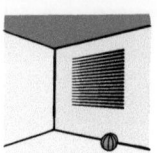

kisame

plafond

bodega ng alak

cave

sauna

sauna

balkonahe

balcon

terasa

terrasse

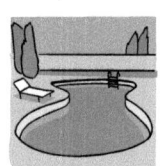

pool

piscine

pamputol ng damo

tondeuse à gazon

piraso ng papel

housse

kobrekama

couette

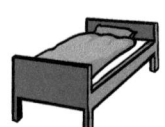

higaan

lit

walis

balai

timba

sceau

pindutan

interrupteur

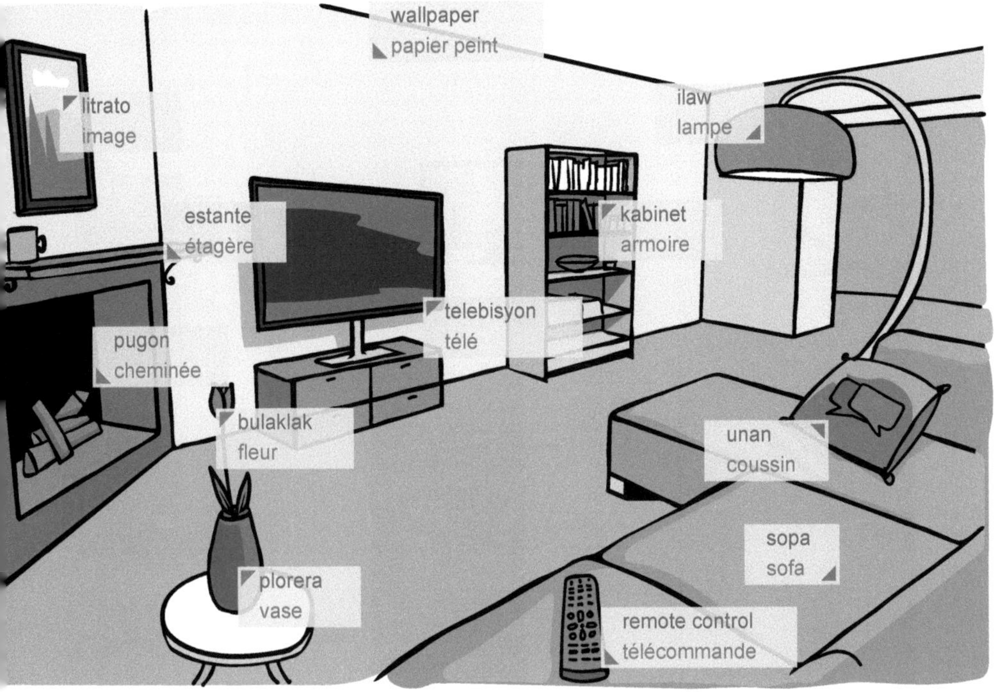

wallpaper
papier peint

litrato
image

ilaw
lampe

estante
étagère

kabinet
armoire

telebisyon
télé

pugon
cheminée

bulaklak
fleur

unan
coussin

sopa
sofa

plorera
vase

remote control
télécommande

karpet
tapis

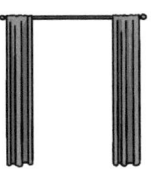

kurtina
rideau

mesa
table

silya
chaise

tumba-tumba
chaise à bascule

sandalan
fauteuil

aklat

livre

kumot

couverture

dekorasyon

décoration

kahoy na panggatong

bois de chauffage

pelikula

film

hi-fi

chaîne hi-fi

susi

clé

dyaryo

journal

pinta

peinture

poster

poster

radyo

radio

kuwaderno

bloc-notes

vacuum cleaner

aspirateur

kaktus

cactus

kandila

bougie

kusina
cuisine

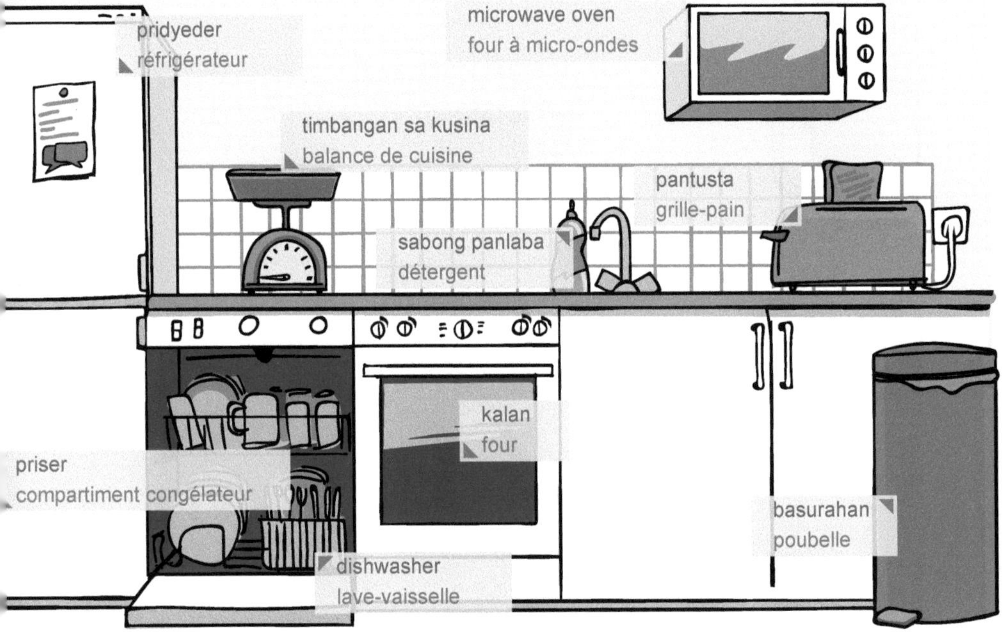
pridyeder
réfrigérateur
microwave oven
four à micro-ondes
timbangan sa kusina
balance de cuisine
pantusta
grille-pain
sabong panlaba
détergent
kalan
four
priser
compartiment congélateur
basurahan
poubelle
dishwasher
lave-vaisselle

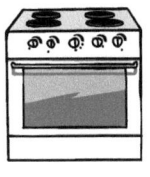

lutuan

four

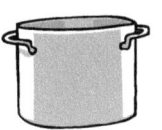

kaldero

casserole

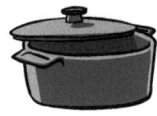

kalderong bakal

marmite

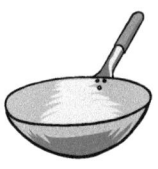

wok / kadai

wok / kadai

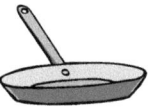

kawali

poêle

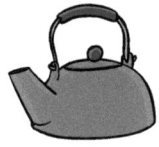

takore

bouilloire electrique

pasingawan

cuiseur vapeur

bandehado sa paghuhurno

plaque de cuisson

babasagin

vaisselle

mug

gobelet

mangkok

coupe

sipit ng intsik

baguettes

sandok

louche

spatula

spatule

pampalis

fouet

pansala

passoire

salaan

tamis

pangkayod

râpe

almires

mortier

barbikyo

barbecue

siga

cheminée

kusina - cuisine

tadtaran

planche à découper

rodilyo

rouleau à pâtisserie

tribuson

tire-bouchon

lata

boîte

pambukas ng lata

ouvre-boîte

panghawak ng kaldero

maniques

lababo

lavabo

bras

brosse

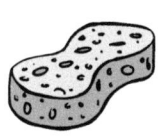

espongha

éponge

blender

mixeur

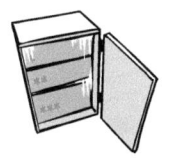

malalim na freezer

congélateur

bote ng sanggol

biberon

gripo

robinet

palikuran

salle de bain

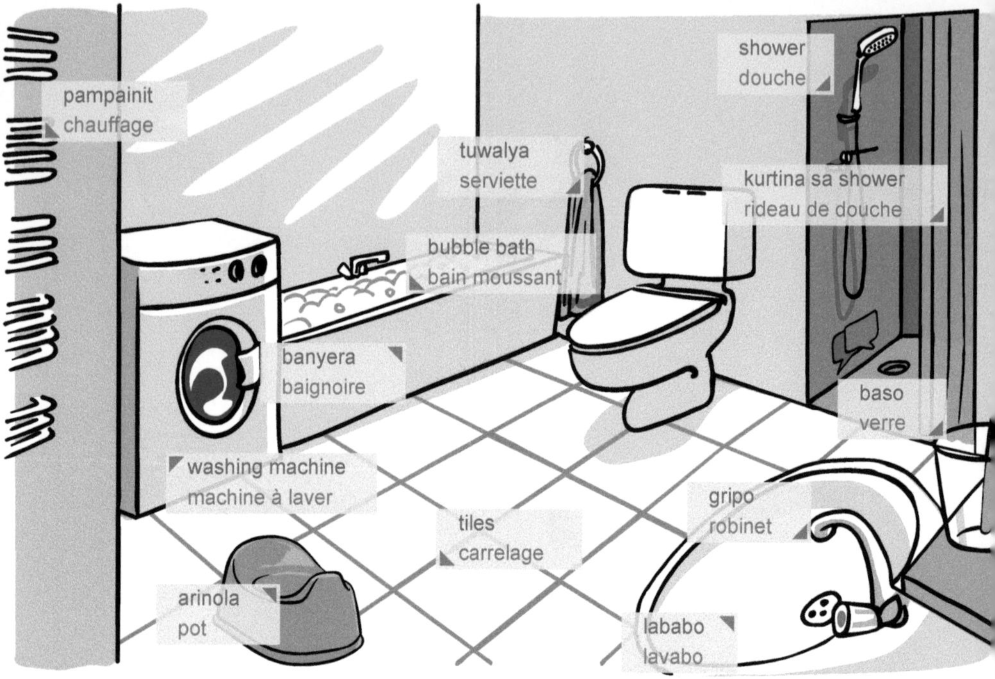

pampainit
chauffage
tuwalya
serviette
shower
douche
kurtina sa shower
rideau de douche
bubble bath
bain moussant
banyera
baignoire
baso
verre
washing machine
machine à laver
gripo
robinet
tiles
carrelage
arinola
pot
lababo
lavabo

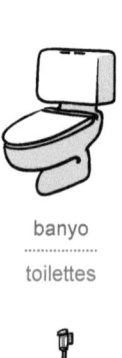

banyo

toilettes

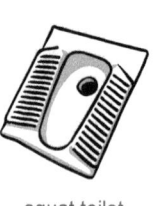

squat toilet

toilette à la turque

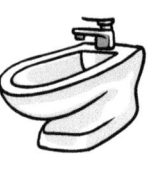

bidet

bidet

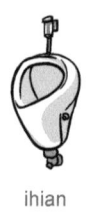

ihian

urinoir

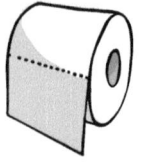

toilet paper

papier toilette

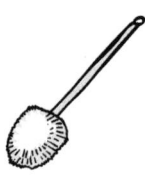

iskoba sa banyo

brosse à toilette

sipilyo

brosse à dents

tutpeyst

dentifrice

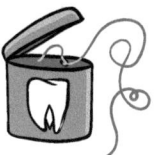

dental floss

fil dentaire

hugasan

laver

shower na hinahawakan

douche manuelle

dutsa

douche intime

palanggana

vasque

bras panlikod

brosse dorsale

sabon

savon

shower gel

gel douche

shampoo

shampooing

pranela

gant de toilette

paagusan

écoulement

krema

crème

deodorant

déodorant

salamin

miroir

salaming hinahawakan

miroir cosmétique

pang-ahit

rasoir

bulang pang-ahit

mousse à raser

aftershave

après-rasage

suklay

peigne

brush

brosse

pantuyo ng buhok

sèche-cheveux

sprey sa buhok

laque pour cheveux

makeup

fond de teint

lipistik

rouge à lèvres

pampakintab ng kuko

vernis à ongles

bulak na lana

ouate

panggupit ng kuko

coupe-ongles

pabango

parfum

washbag

trousse de toilette

stool

tabouret

timbangan

pèse-personne

bata

peignoir

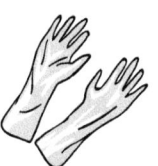

gomang guwantes

gants de nettoyage

tampon

tampon

malinis na tuwalya

serviettes hygiéniques

chemical toilet

toilette chimique

silid ng bata

chambre d'enfant

alarm clock
réveil
nayayakap na laruan
doudou
laruang kotse
voiture jouet
kuliling
hochet
bahay ng manika
maison de poupée
regalo
cadeau

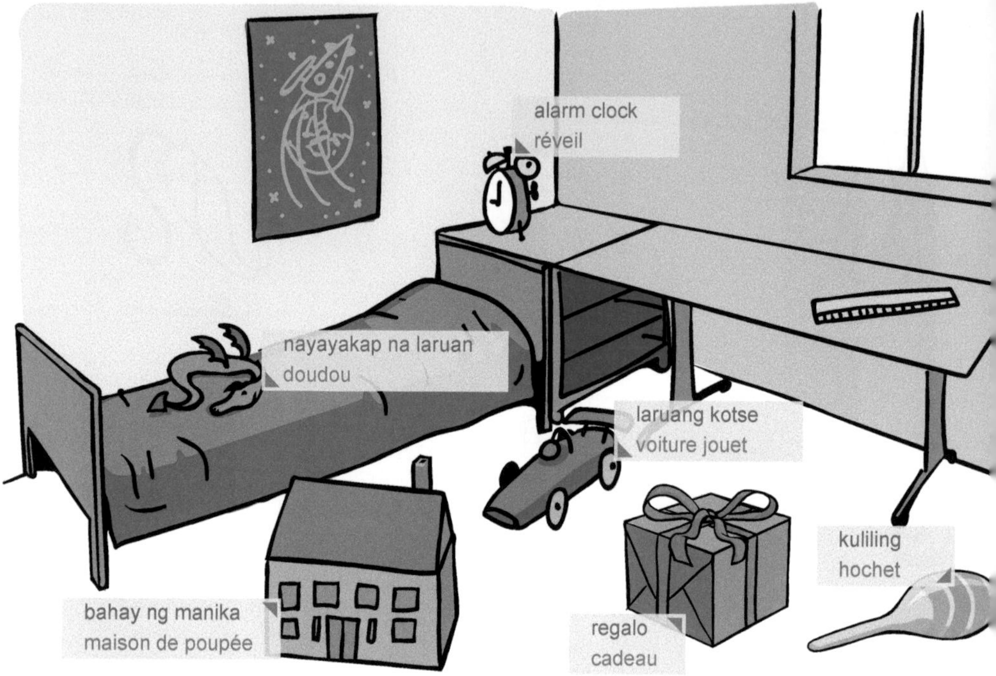

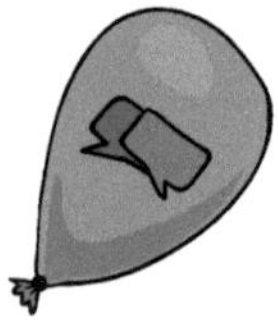

lobo

ballon

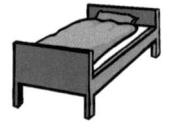

higaan

lit

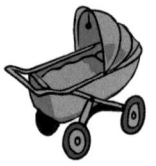

pram

poussette

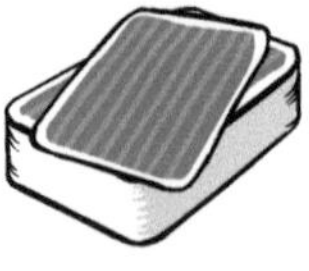

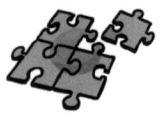

hanay ng mga baraha

jeu de cartes

jigsaw

puzzle

komiks

bande dessinée

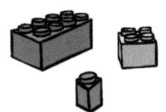

lego bricks

pièces lego

blokeng laruan

blocs de construction

action figure

figurine

paglaki ng sanggol

grenouillère

frisbee

frisbee

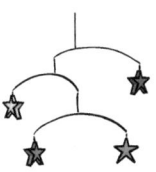

mobile

mobile

board game

jeu de société

dice

dé

model train set

train miniature

manikin

sucette

salu-salo

fête

aklat ng mga litrato

livre d'images

bola

balle

manika

poupée

maglaro

jouer

tibagan ng buhangin

bac à sable

duyan

balançoire

mga laruan

jouets

video game console

console de jeu

traysikel

tricycle

teddy bear

ours en peluche

aparador

armoire

pananamit

vêtements

medyas

chaussettes

stockings

bas

pampitis

collant

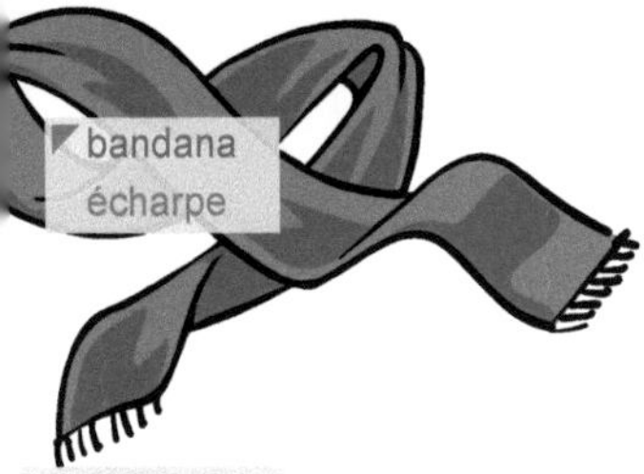

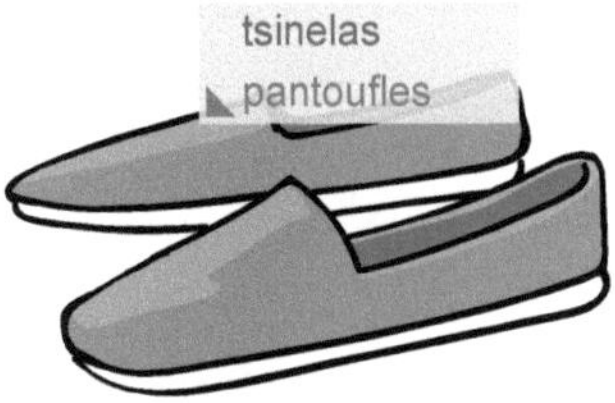

bandana
écharpe

payong
parapluie

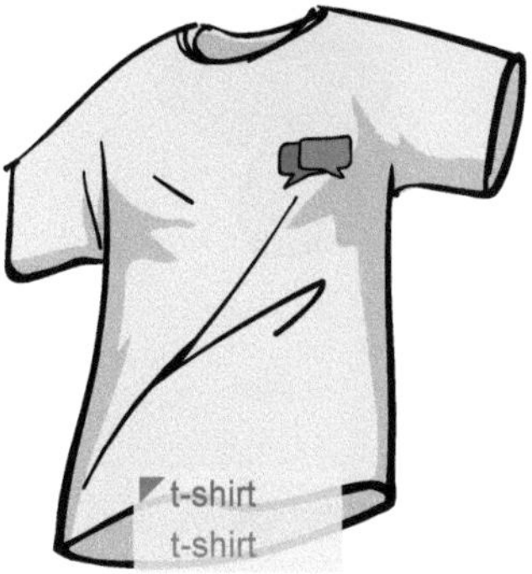

t-shirt
t-shirt

sinturon
ceinture

bota
bottes

tsinelas
pantoufles

sneakers
baskets

sandalyas
sandales

sapatos
chaussures

botang degoma
bottes de caoutchouc

salawal
sous-vêtements

bra
soutien-gorge

tsaleko
maillot de corps

katawan

body

pantalon

pantalon

jeans

jean

palda

jupe

blusa

chemisier

kamiseta

chemise

pullover

pull

panlamig

sweat à capuche

blazer

veste

diyaket

veste

kapa

manteau

kapote

imperméable

kasuotan

costume

bistida

robe

damit pangkasal

robe de mariée

terno

costume

damit pantulog

chemise de nuit

padyama

pyjama

sari

sari

bandana sa ulo

foulard

turban

turban

burka

burqa

kaftan

caftan

abaya

abaya

panlangoy

maillot de bain

trunks

maillot de bain

salawal

short

tracksuit

tenue d'entraînement

apron

tablier

guwantes

gants

butones

bouton

salamin

lunettes

pulseras

bracelet

kuwintas

collier

singsing

bague

hikaw

boucle d'oreille

takip

bonnet

sabitan ng kapa

cintre

sombrero

chapeau

kurbata

cravate

siper

fermeture éclair

helmet

casque

tirante

bretelles

uniporme sa paaralan

uniforme scolaire

uniporme

uniforme

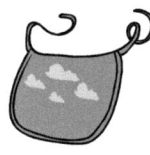

bibero

bavoir

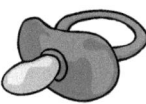

manikin

sucette

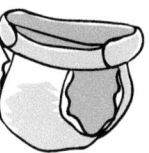

lampin

lange

opisina
bureau

server
serveur
kabinet ng file
armoire d'archivage
printer
imprimante
papel
papier
monitor
écran
mouse
souris
mesa
bureau
polder
classeur
keyboard
clavier
basurahan ng papel
corbeille à papier
kompyuter
ordinateur
upuan
chaise

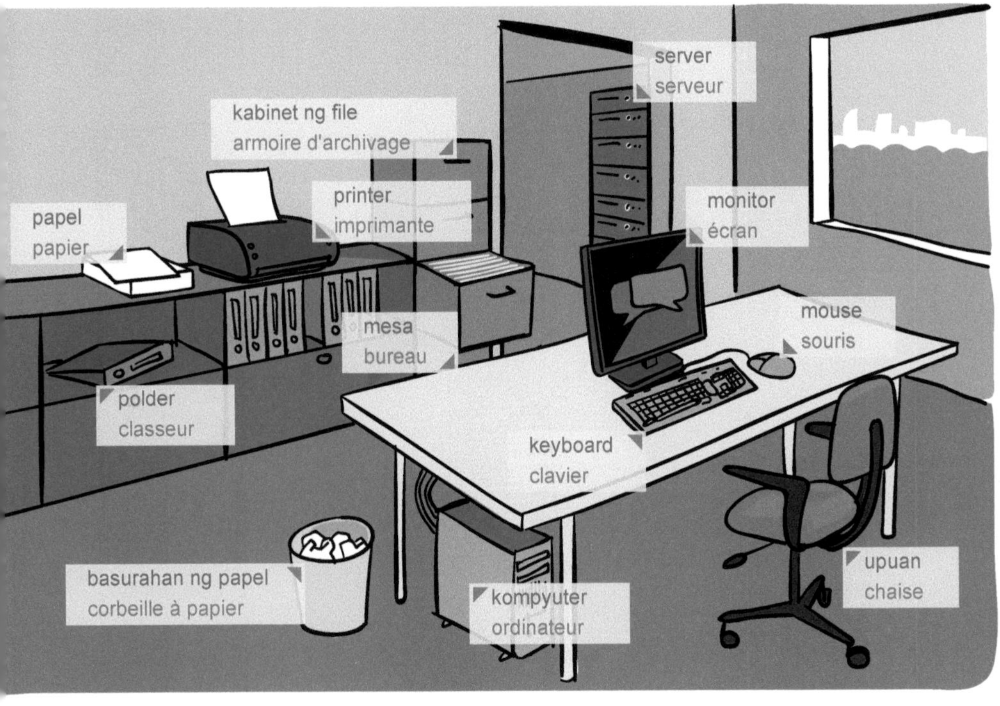

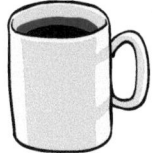

tasa ng kape

tasse de café

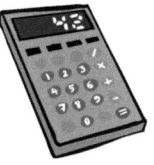

calculator

calculatrice

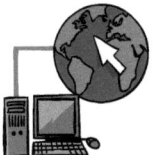

internet

internet

laptop

ordinateur portable

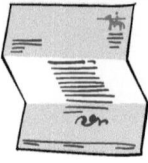

sulat

lettre

mensahe

message

mobile

portable

network

réseau

photocopier

photocopieuse

software

logiciel

telepono

téléphone

saksakan

prise

fax machine

fax

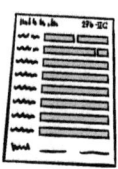

anyo

formulaire

dokumento

document

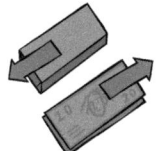

bumili

acheter

magbayad

payer

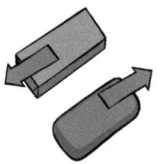

ikalakal

faire du commerce

pera

monnaie

 **USD**

dolyar

dollar

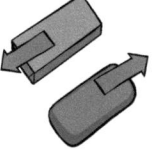 **EUR**

euro

euro

 **JPY**

yen

yen

 **RUB**

rublo

rouble

 **CHF**

swiss franc

franc suisse

 **CNY**

renminbi yuan

renminbi yuan

 INR

rupee

roupie

cash point

distributeur automatique

tanggapan ng palitan ng pera

bureau de change

ginto

or

tanso

argent

langis

pétrole

enerhiya

énergie

presyo

prix

kontrata

contrat

buwis

taxe

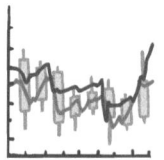

stock

action

trabaho

travailler

empleyado

employé

taga-empleyo

employeur

pabrika

usine

tindahan

magasin

opisyal ng opisyal
agent de police

bombero
pompier

tagapagluto
cuisinier

doktor
médecin

piloto
pilote

hardinero

jardinier

karpentero

menuisier

mananahi

couturière

hukom

juge

kemiko

chimiste

aktor

acteur

tsuper ng bus

conducteur de bus

tsuper ng taxi

chauffeur de taxi

mangingisda

pêcheur

tagapaglinis

femme de ménage

tagapagkabit ng bubong

couvreur

waiter

serveur

mangangaso

chasseur

pintor

peintre

panadero

boulanger

elektrisyan

électricien

tagapagtayo

ouvrier

inhinyero

ingénieur

magkakarne

boucher

tubero

plombier

kartero

facteur

sundalo

soldat

arkitekto

architecte

kahera

caissier

magtitinda ng bulaklak

fleuriste

manggugupit

coiffeur

konduktor

contrôleur

mekaniko

mécanicien

kapitan

capitaine

dentista

dentiste

siyentipiko

scientifique

rabbi

rabbin

imam

imam

monghe

moine

klero

prêtre

mga kagamitan

outils

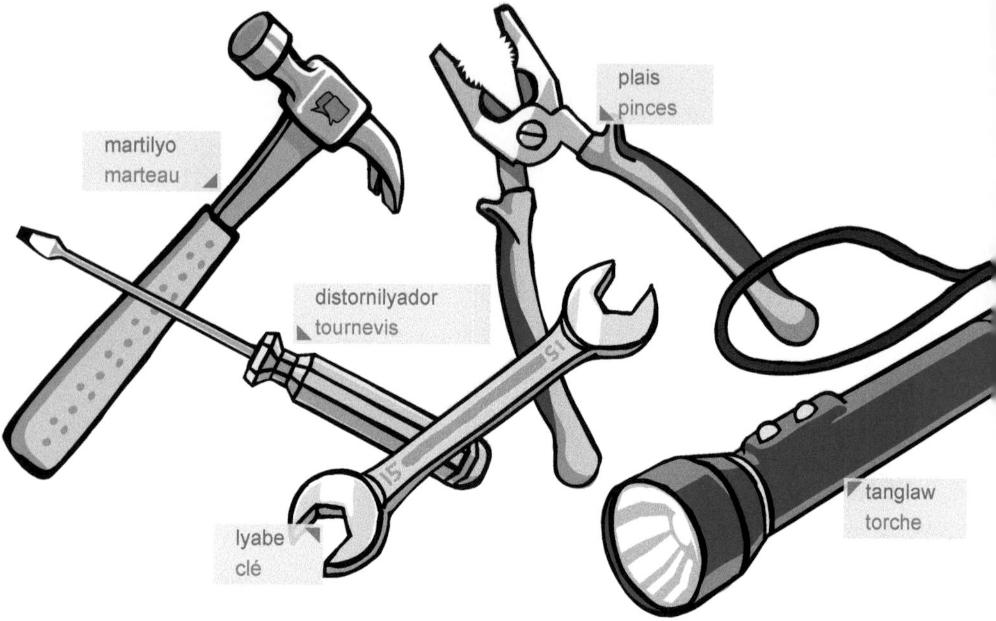
martilyo
marteau
plais
pinces
distornilyador
tournevis
lyabe
clé
tanglaw
torche

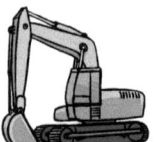

panghukay
pelleteuse

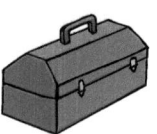

toolbox
boîte à outils

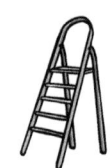

hagdan
échelle

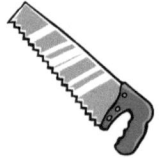

lagari
scie

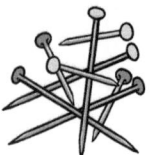

mga pako
clous

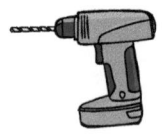

pambutas
perceuse

kumpunihin

réparer

pala

pelle

Kainis!

Mince !

pandakot

pelle

palayok ng pintura

pot de peinture

mga tornilyo

vis

mga pangmusikang instrumento
instruments de musique

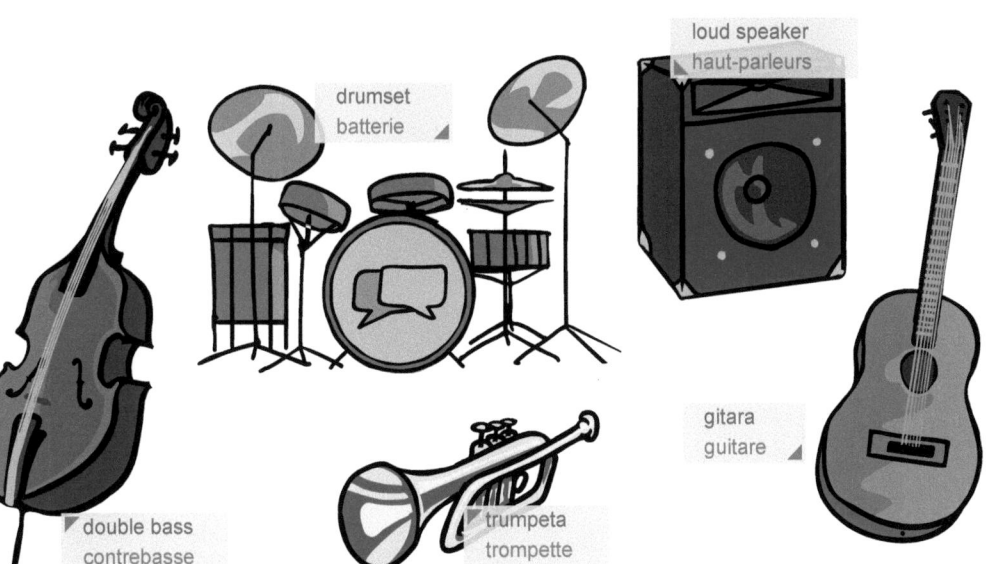

loud speaker
haut-parleurs

drumset
batterie

gitara
guitare

double bass
contrebasse

trumpeta
trompette

piyano

piano

biyolin

violon

bass

basse

timpani

timbales

mga drum

tambour

keyboard

piano électrique

saksopon

saxophone

plauta

flûte

mikropono

microphone

tigre
tigre

pasukan
entrée

hawla
cage

sebra
zèbre

pakain sa hayop
alimentation animale

panda
panda

mga hayop
animaux

elepante
éléphant

kanggaro
kangourou

rhino
rhinocéros

gorilya
gorille

oso
ours

kamelyo

chameau

ostrich

autruche

leon

lion

unggoy

singe

flamingo

flamand rose

loro

perroquet

polar bear

ours polaire

penguin

pingouin

pating

requin

paboreal

paon

ahas

serpent

buwaya

crocodile

tagapag-alaga ng zoo

gardien de zoo

seal

phoque

jaguar

jaguar

buriko

poney

leopardo

léopard

hipo

hippopotame

dyirap

girafe

agila

aigle

bulugan

sanglier

isda

poisson

pagong

tortue

walrus

morse

soro

renard

gasel

gazelle

sports

Amerikanong putbol
american Football

pamimisikleta
cyclisme

tennis
tennis

basketbol
basket-ball

paglalangoy
natation

boksing
boxe

ice-hockey
hockey sur glace

soccer
football

badminton
badminton

atletiks
athlétisme

handball
handball

skiing
ski

polo
polo

tumawa
rire

tumalon
sauter

yakapin
embrasser

lumakad
marcher

kumanta
chanter

mangarap
rêver

magdasal
prier

halikan
faire la bise

sumulat
écrire

gumuhit
dessiner

ipakita
montrer

itulak
pousser

magbigay
donner

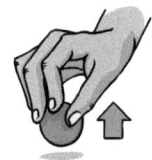

kunin
prendre

magkaroon

avoir

gawin

faire

maging

être

tumayo

être debout

tumakbo

courir

hilahin

trier

itapon

jeter

malaglag

tomber

mahiga

être couché

hintayin

attendre

dalhin

porter

umupo

être assis

magbihis

s'habiller

matulog

dormir

gumising

se réveiller

tumingin

regarder

umiyak

pleurer

estilo

caresser

magsuklay

peigner

magsalita

parler

intindihin

comprendre

magtanong

demander

makinig

écouter

uminom

boire

kumain

manger

linisin

ranger

mahal

aimer

magluto

cuire

magmaneho

conduire

lumipad

voler

maglayag

faire de la voile

kalkulahin

calculer

basahin

lire

matuto

apprendre

trabaho

travailler

pakasalan

se marier

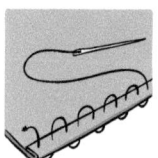

tahiin

coudre

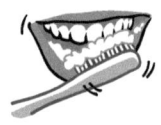

magsipilyo ng ngipin

brosser les dents

patayin

tuer

manigarilyo

fumer

magpadala

envoyer

pamilya
famille

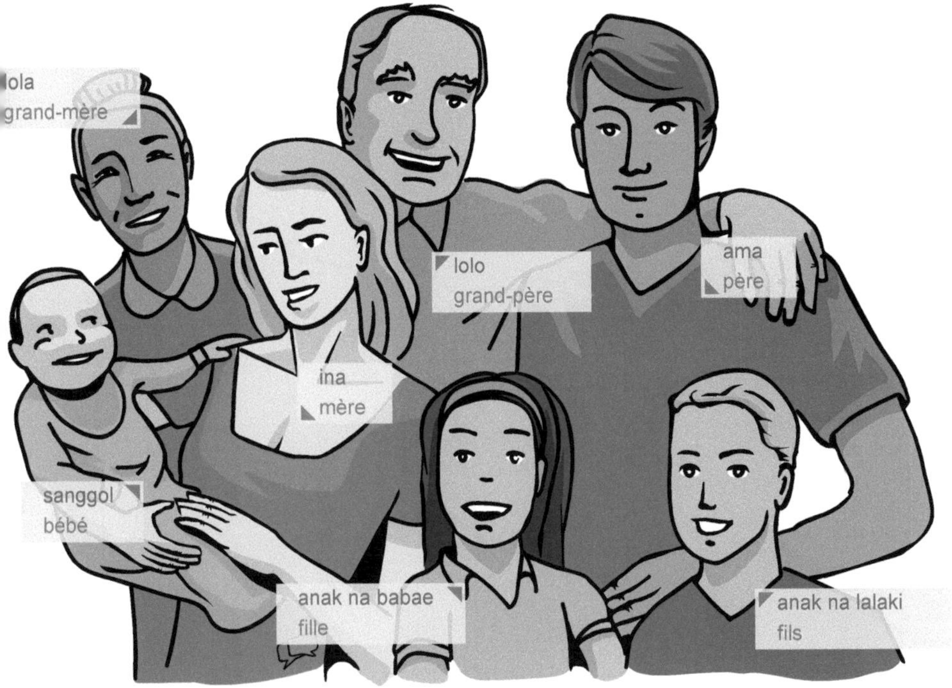
lola
grand-mère
lolo
grand-père
ama
père
ina
mère
sanggol
bébé
anak na babae
fille
anak na lalaki
fils

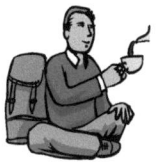

panauhin

hôte

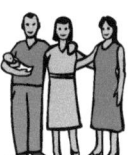

tiya

tante

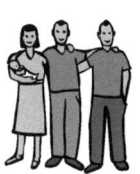

tiyo

oncle

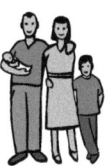

kuya

frère

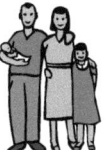

ate

sœur

katawan

corps

noo
front
mata
œil
balikat
épaule
daliri
doigt
mukha
visage
baba
menton
kamay
main
binti
jambe
suso
poitrine
bisig
bras

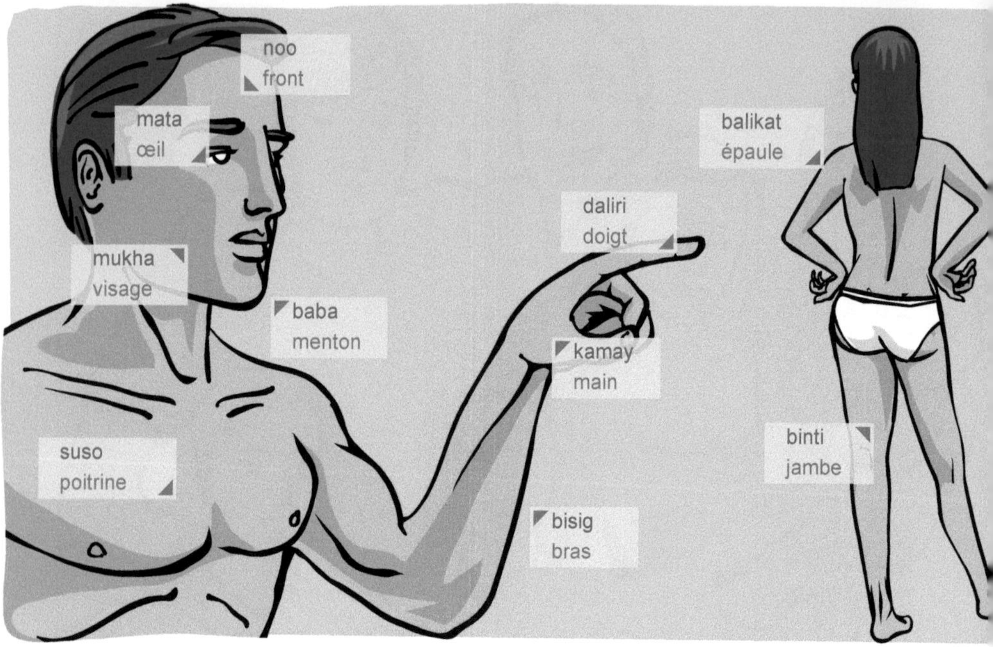

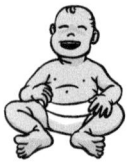

sanggol

bébé

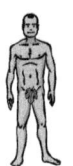

lalaki

homme

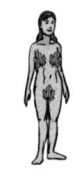

babae

femme

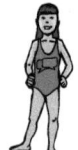

batang babae

fille

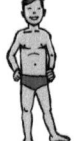

batang lalaki

garçon

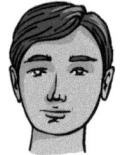

ulo

tête

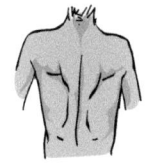

likod
dos

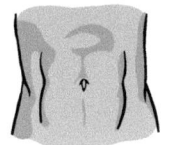

tiyan
ventre

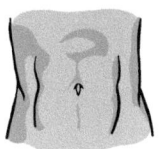

pusod
nombril

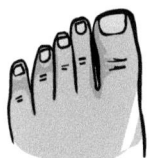

daliri ng paa
orteil

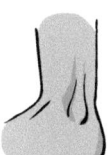

takong
talon

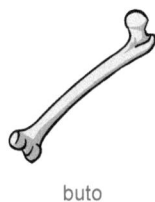

buto
os

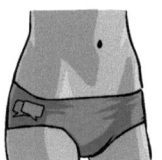

balakang
hanche

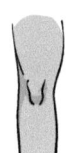

tuhod
genou

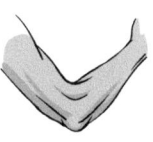

siko
coude

ilong
nez

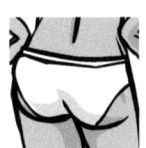

gitna
fesses

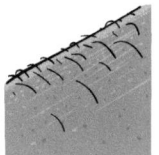

balat
peau

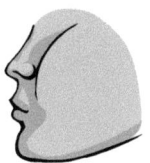

pisngi
joue

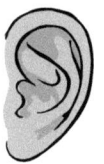

tainga
oreille

labi
lèvre

bibig

bouche

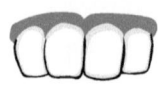

ngipin

dent

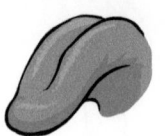

dila

langue

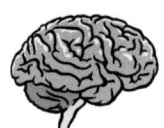

utak

cerveau

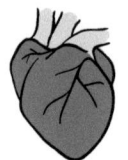

puso

cœur

kalamnan

muscle

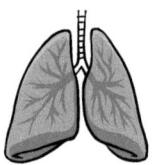

baga

poumons

atay

foie

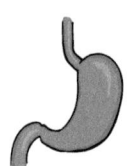

sikmura

estomac

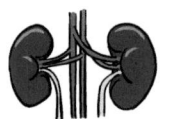

mga bato

reins

pagtatalik

rapport sexuel

kondom

préservatif

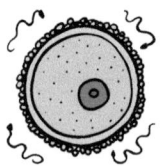

obyum

ovule

semen

sperme

pagbubuntis

grossesse

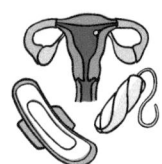

pagreregla
menstruation

vagina
vagin

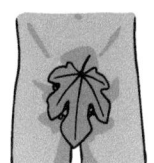

ari ng lalaki
pénis

kilay
sourcil

buhok
cheveux

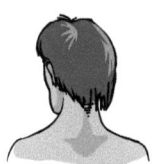

leeg
cou

ospital
hôpital

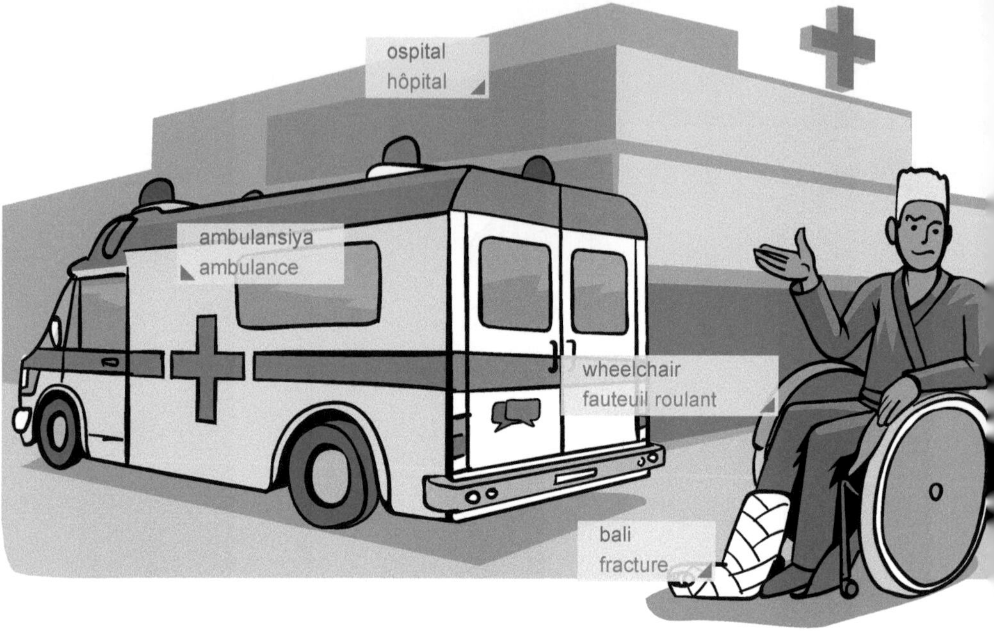

ospital
hôpital
ambulansiya
ambulance
wheelchair
fauteuil roulant
bali
fracture

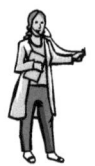

doktor

médecin

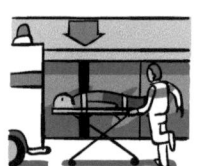

silid pang-emergency

service des urgences

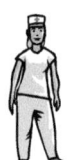

nars

infirmière

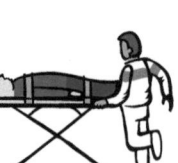

emerhensiya

urgence

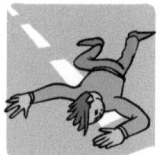

walang malay

inconscient

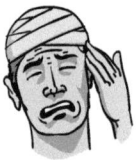

pananakit

douleur

pinsala

blessure

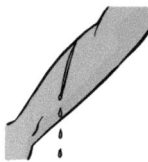

nagdurugo

hémorragie

atake sa puso

crise cardiaque

atake serebral

attaque cérébrale

alerdye

allergie

ubo

toux

lagnat

fièvre

trangkaso

grippe

pagdudumi

diarrhée

sakit ng ulo

mal de tête

kanser

cancer

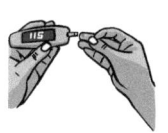

diyabetis

diabète

siruhano

chirurgien

iskalpel

scalpel

operasyon

opération

CT

CT

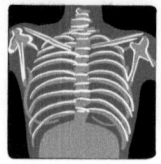

x-ray

radiographie

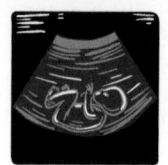

ultrasound

échographie

maskara sa mukha

masque

sakit

maladie

silid-antayan

salle d'attente

saklay

béquille

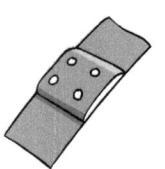

plaster

pansement

benda

pansement

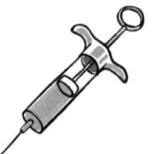

iniksyon

injection

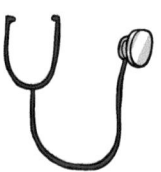

istetoskopyo

stéthoscope

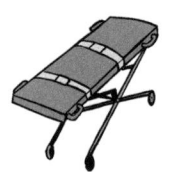

estretser

brancard

klinikal na termometro

thermomètre

pagsilang

accouchement

labis sa timbang

surcharge pondérale

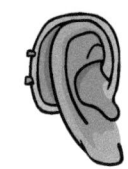

hearing-aid

appareil auditif

pang-disimpekta

désinfectant

impeksyon

infection

bayrus

virus

HIV / AIDS

VIH / sida

medisina

médicament

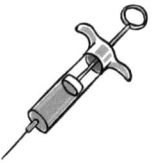

bakuna

vaccination

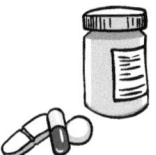

mga tableta

comprimés

tabletas

pilule

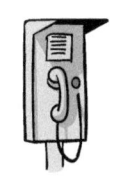

emergency na tawag

appel d'urgence

pagmamatyag sa presyon
ng dugo

tensiomètre

may sakit / malusog

malade / sain

Tulong!

Au secours !

alarma

alarme

asulto

assaut

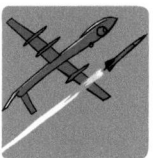

atake

attaque

panganib

danger

labasang pang-emergency

sortie de secours

Sunog!

Au feu!

fire extinguisher

extincteur

aksidente

accident

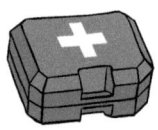

kagamitan sa paunang lunas

trousse de premier secours

SOS

SOS

pulis

police

Europa

Europe

Hilagang Amerika

Amérique du Nord

Timog Amerika

Amérique du Sud

Aprika

Afrique

Asya

Asie

Australia

Australie

Atlantika

Océan atlantique

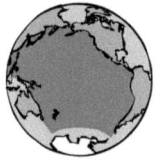

Pasipiko

Océan pacifique

Dagat Indiano

Océan indien

Dagat Antarktika

Océan antarctique

Dapat Arktika

Océan arctique

Hilagang polo

pôle nord

Timog polo

pôle sud

Antartika

Antarctique

mundo

terre

lupa

pays

dagat

mer

isla

île

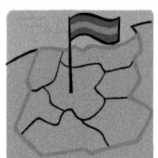

bansa

nation

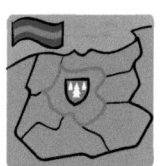

estado

état

mundo - terre

mukha ng orasan

cadran

orasang kamay

aiguille des heures

minutong kamay

aiguille des minutes

segundong kamay

aiguille des secondes

Anong oras na?

Quelle heure est-il ?

araw

jour

oras

temps

ngayon

maintenant

digital na relo

montre digitale

minuto

minute

oras

heure

linggo
semaine

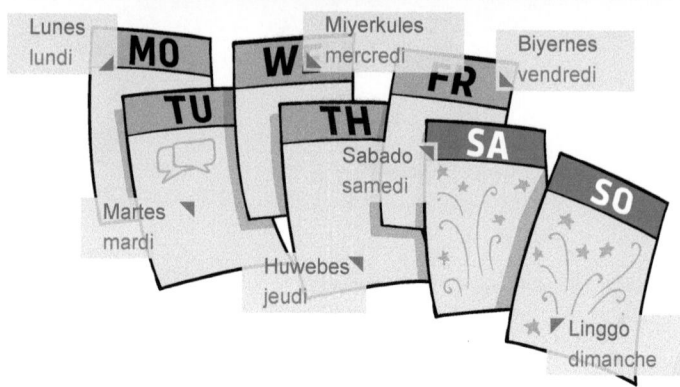

Lunes
lundi

Miyerkules
mercredi

Biyernes
vendredi

Martes
mardi

Sabado
samedi

Huwebes
jeudi

Linggo
dimanche

kahapon

hier

ngayon

aujourd'hui

bukas

demain

umaga

matin

tanghali

midi

gabi

soir

mga araw ng negosyo

jours ouvrables

katapusan ng linggo

week-end

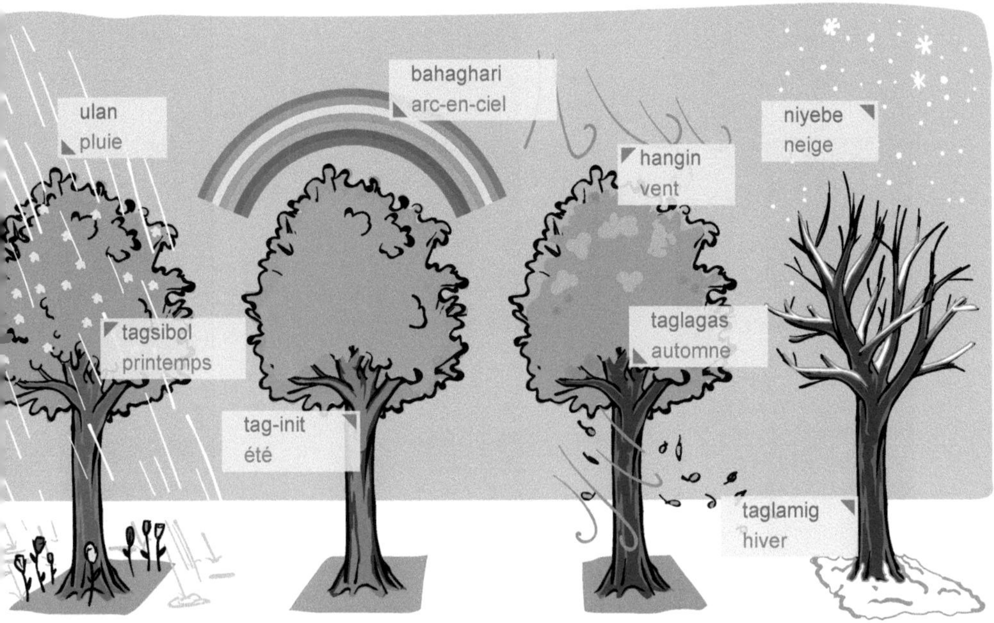
ulan
pluie
bahaghari
arc-en-ciel
niyebe
neige
hangin
vent
tagsibol
printemps
taglagas
automne
tag-init
été
taglamig
hiver

4.APRIL 11°
5.APRIL 4°
6.APRIL 13°
7.APRIL 8°
8.APRIL 10°

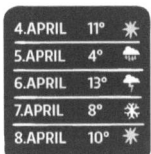

lagay ng panahon

météo

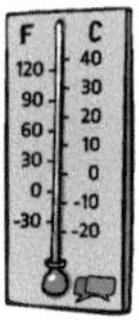
F C
120 90 60 30 0 -30
40 30 20 10 0 -10 -20

termometro

thermomètre

sikat ng araw

lumière du soleil

ulap

nuage

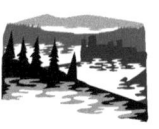

hamog

brouillard

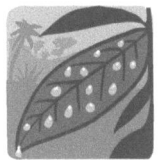

kahalumigmigan

humidité

kidlat

foudre

kulog

tonnerre

bagyo

tempête

may yelong ulan

grêle

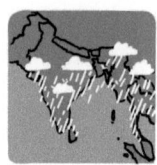

tag-ulan

mousson

pagkain

inondation

yelo

glace

Enero

janvier

Pebrero

février

Marso

mars

Abril

avril

Mayo

mai

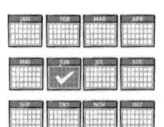

Hunyo

juin

Hulyo

juillet

Agosto

août

taon - année

Setyembre
....
septembre

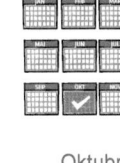

Oktubre
....
octobre

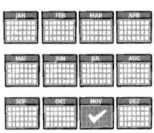

Nobyembre
....
novembre

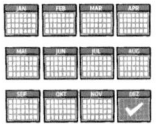

Disyembre
....
décembre

bilog
....
cercle

parisukat
....
carré

rektanggulo
....
rectangle

tatsulok
....
triangle

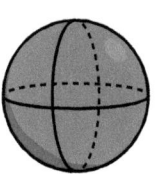

pabilog
....
sphère

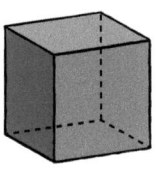

kyub
....
cube

puti

blanc

dilaw

jaune

kahel

orange

rosas

rose

pula

rouge

ube

violet

asul

bleu

berde

vert

brown

marron

grey

gris

itim

noir

marami / kakaunti

beaucoup / peu

takot / kalmado

fâché / calme

maganda / pangit

joli / laid

simula / katapusan

début / fin

malaki / maliit

grand / petit

matingkad / madilim

clair / obscure

kuya / ate

frère / soeur

malinis / madumi

propre / sale

kumpleto / kulang

complet / incomplet

araw / gabi

jour / nuit

patay / buhay

mort / vivant

malawak / makipot

large / étroit

nakakain / hindi nakakain

comestible / incomestible

masama / mabuti

méchant / gentil

nakakatuwa / nakakainip

excité / ennuyé

mataba / payat

gros / mince

una / huli

premier / dernier

kaibigan / kaaway

ami / ennemi

puno / walang laman

plein / vide

matigas / malambot

dur / souple

mabigat / magaan

lourd / léger

gutom / uhaw

faim / soif

may sakit / malusog

malade / sain

ilegal / legal

illégal / légal

matalino / tanga

intelligent / stupide

kaliwa / kanan

gauche / droite

malapit / malayo

proche / loin

bago /gamit na
nouveau / usé

wala /mayroon
rien / quelque chose

matanda / bata
vieux / jeune

naka-on / naka-off
marche / arrêt

bukas /sarado
ouvert / fermé

tahimik / maingay
faible / fort

mayaman / mahirap
riche / pauvre

tama / mali
correct / incorrect

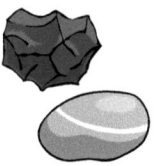

magaspang / makinis
rugueux / lisse

malungkot / masaya
triste / heureux

maikli / mahaba
court / long

mabagal / mabilis
lent / rapide

basa / tuyo
mouillé / sec

maligamgam / malamig
chaud / froid

digmaan / kapayapaan
guerre / paix

nombres

0

sero

zéro

1

isa

un / une

2

dalawa

deux

3

tatlo

trois

4

apat

quatre

5

lima

cinq

6

anim

six

7

pito

sept

8

walo

huit

9

siyam

neuf

10

sampu

dix

11

labing-isa

onze

12
labindalawa
douze

13
labintatlo
treize

14
labing-apat
quatorze

15
labinlima
quinze

16
labing-anim
seize

17
labimpito
dix-sept

18
labing-walo
dix-huit

19
labinsiyam
dix-neuf

20
dalawampu
vingt

100
daan
cent

1.000
libo
mille

1.000.000
milyon
million

Ingles

anglais

Amerikan na Ingles

anglais américain

Tsinong Mandarin

chinois mandarin

Hindi

hindi

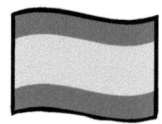

Espanyol

espagnol

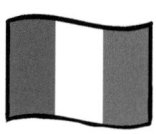

Pranses

français

Arabe

arabe

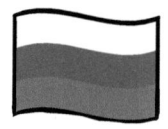

Ruso

russe

Portuges

portugais

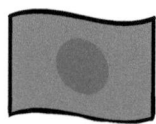

Bengali

bengali

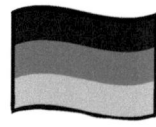

Aleman

allemand

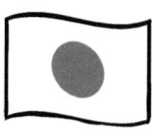

Hapon

japonais

ako

je

ikaw

tu

siya / siya / ito

il / elle / ce, c', cela

kami

nous

ikaw

vous

sila

ils / elles

sino?

Qui ?

ano?

Quoi ?

paano?

Comment ?

saan?

Où ?

kailangan?

Quand ?

pangalan

nom

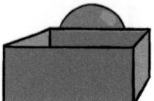

likuran

derrière

saan

dans

sa harap ng

devant

itaas

au-dessus

sa

sur

ilalim

en-dessous

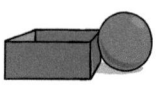

katabi

à côté de

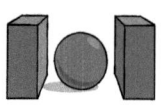

pagitan

entre

lugar

lieu